Ce livre appartient à:

Test des couleurs

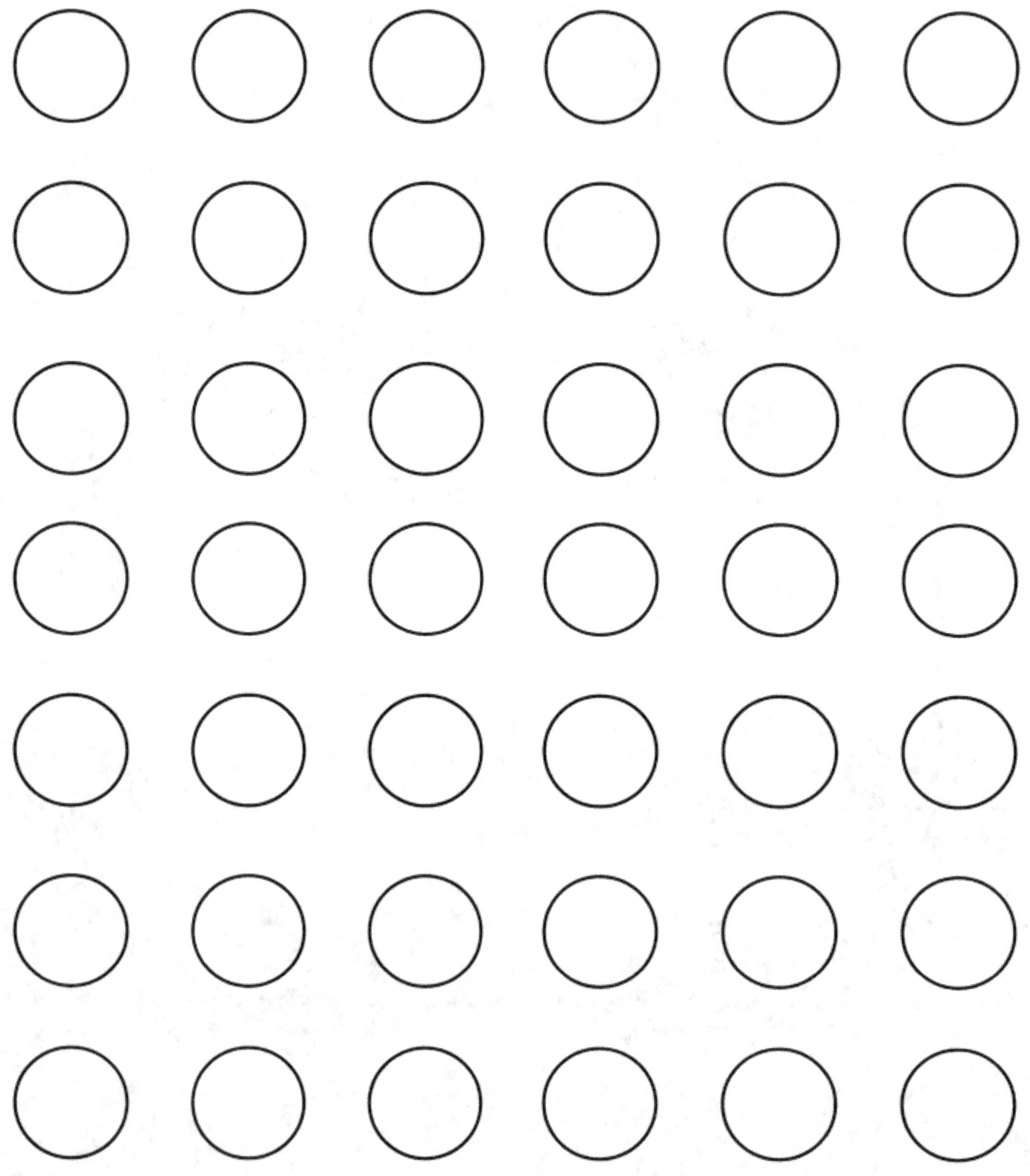

0-Aucune , 1-Chair , 2-Vert Olive , 3-Orange , 4-Bleu , 5-Rouge , 6-Bleu Ciel

0-Aucune , 1-Bleu Ciel , 2-Orange , 3-Marron , 4-Vert Clair , 5-Vert Foncé , 6-Jaune

0-Aucune , 1-Rouge , 2-Marron , 3-Gris , 4-Bleu Ciel , 5-Jaune , 6-Chair

0-Aucune , 1-Rouge , 2-Jaune , 3-Bleu Ciel , 4-Vert , 5-Chair , 6-Orange
7-Marron , 8-Noir

0-Aucune , 1-Rouge , 2-Bleu Ciel , 3-Orange , 4-Violet , 5-Jaune , 6-Marron ,
7- Vert

0-Aucune , 1-Rouge , 2-Jaune , 3-Gris , 4-Bleu Foncé , 5-Vert , 6-Marron

0-Aucune , 1-Rouge , 2-Vert , 3-Jaune , 4-Bleu , 5-Jaune , 6-Chair 7-Marron

1-Rouge , 2-Jaune , 3-Bleu Ciel , 4-Bleu Foncé , 5-Violet , 6-Marron , 7-Chair
8-Vert

0-Aucune , 1-Violet , 2-Beige , 4-Marron , 5-Chair , 6-Vert , 7-Bleu Ciel
8-Jaune

0-Aucune , 1-Rouge , 2-Jaune , 3-Marron Foncé , 4-Marron Clair , 5-Orange
6-Chair , 7-Vert , 8-Bleu Ciel

0-Aucune , 1-Bleu Foncé , 2-Jaune , 3-Marron , 4-Rouge , 5-Jaune , 6-Vert
7- Chair

0-Aucune , 1-Vert , 2-Rouge , 3-Marron , 4-Bleu Ciel , 5-Jaune , 6-Noir
7-Chair

0-Aucune , 1-Rouge , 2-Vert , 3-Marron , 4-Jaune , 5-Gris , 6-Bleu Foncé
7-Chair

0-Aucune , 1-Rouge , 2-Vert, 3-Jaune , 4-Bleu Foncé , 5-Marron , 6-Chair
7-Gris

0-Aucune , 1-Rouge , 2-Vert , 3-Maron , 4-Bleu Foncé , 5-Chair , 6-Jaune
7-Gris

0-Aucune , 1-Rouge , 2-Vert , 3-Marron , 4-Bleu Ciel , 5-Chair , 6-Jaune

0-Aucune , 1-Rouge , 2-Vert , 3-Bleu Foncé , 4-Jaune , 5-Chair , 6-Vert Foncé
7-Marron

www.ingramcontent.com/pod-product-compliance
Lightning Source LLC
Chambersburg PA
CBHW081148160726
47997CB00020B/2973